CU00691027

Histoire de Mr. Jabot

Préface.

Ci-derrière commence l'histoire véritable de Monsieur Jabot, et comme quoi, rien que par ses manières comme il faut, et sa bonne tenue, il sut réussir dans le monde.

Va, petit livre, et choisis ton monde, car aux choses folles, qui ne rit pas, bâille, qui ne se livre pas, résiste; qui raisonne, se méprend, et qui veut rester grave, en est maître.

1.

Monsieur Jabot se disposant à rentrer dans le monde, fréquente les promenades publiques.

Mr Jabot croit devoir prendre une glace au premier café de l'endroit.

Ayant mangé sa glace, Mr Jabot se remets en position.

Mr Jabot ennonce quelques opinions sur les affaires de Belgique.

Mr Jabot est invité au grand Bal. (Raout) de Mde du Bocage.

Mr Jabot s'essaye au pas d'été, et à la chaîne au Dames.

M. Jabot arrivé au bal, croit devoir présenter des civilités empressées à Mad.ᵉ du Bocage..

Ayant salué, M.ʳ Jabot se remet en position..

4

Mr. Jabot croit devoir énoncer quelques mots agréables et galans à Moiselle du Bocage.

Mr. Jabot croit devoir causer chasse, avec Mr. du Bocage, le fils aîné.

Mr. Jabot croit devoir regarder avec bienveillance, les jeux enfantins du jeune du Bocage, le cadet.

M.r Sabot énonce diverses pensées et observations sur l'usage du monde, sur les exigences de la civilité, et sur les galopes

M.r Sabot croit devoir témoigner par sa voix autant que par sa jeu de physionomie, qu'il sait à merveille les façons d'une dame qui s'embrouille

« Après quoi Mr Jabot se remet en position

Mr Jabot veut devoir s'effacer pour laisser passer la galope ; d'où la basse perd le son.

La basse s'étant plainte, Mr Jabot lui affirme qu'il est un insolent, et que s'il n'était pas d'une cubable sensibleuse il lui démontrerait raison.

Mr Jabot, le marchand de bas qui est cousin de Mr Jabot, croit le reconnaître, et marche vers lui

Ayant aperçu son cousin le marchand de bas Mr Jabot croit devoir déployer une entrée à la maison, au milieu d'un Raoul

Mr Jabot ayant fait une hardie évolution autour d'une grosse femme, le cousin Cantonne, le perd de vue.

37

8

Après quoi Mr Jabot se remet en position.

Mr Jabot énonce d'après les Biddell l'inquiétude que lui cause le parti populaire, dans un moment où l'astocrate arrive.

Mr Jabot croit devoir s'éloigner d'un groupe qui lui paraît renfermer une société mêlée.

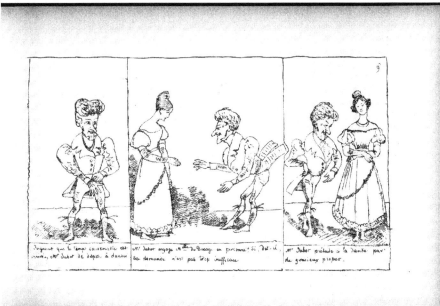

Jugeant que le temps convenable est venu, Mr Jabot se dispose à danser

Mr Jabot engage Mlle du Bocage en personne! Si, dit-il, sa demande n'est pas trop inefficace

Mr Jabot prélude à la danse par de gracieux propos.

Les propos étant peu goûtés, Mr Jabot croit de voir approprier des gestes de bon goût à des expressions choisies.

Ces expressions ayant peu d'effet, Mr Jabot croit devoir se renfermer dans une attitude dédaigneuse et la plaisanterie de bon ton.

Après quoi Mr Jabot conduit la galope avec le plus heureux succès.

Malheureusement Mr Jabot glisse au plus beau moment.

Ce qui cause du dérangement dans le reste de la galope.

Mr Dabot croit devoir dissimuler une forte douleur lombaire, et rejette la faute sur le banc qui écorche la mesure...

Ainsi que Mr Dabot se remet en position.

Mr Dabot entre en relation avec Mylord & cie., qui lui par le Lécossines

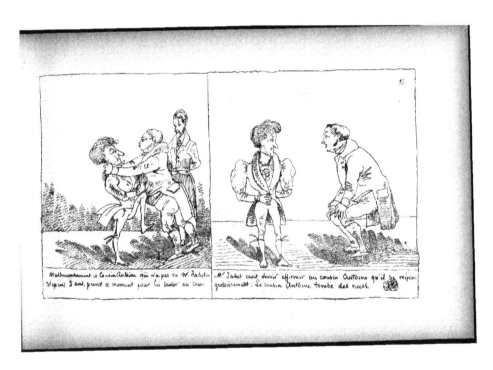

Malheureusement le Cousin Antoine qui n'a pas vu Mr Jabot depuis 3 ans, prend ce moment pour lui sauter au cou.

Mr Jabot croit devoir affirmer au cousin Antoine qu'il se méprend grossièrement. Le cousin Antoine tombe des nues.

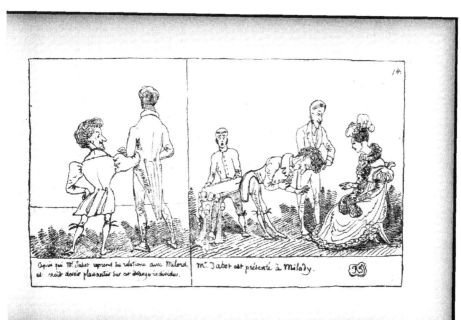

14.

Après quoi Mr Jabot reprend ses relations avec Milord, et n'aît d'ivoir plaisantur sur cet étrange individu.

Mr Jabot est présenté à Milady.

15.

Beau moment! Mr Jabot fait
faire à Milady un tour de Salle.

Mr Jabot croit devoir marquer à Milady
une préférence délicate. Un lampion s'é
teint et fume.

Aussitôt Mr Jabot s'empresse de remé
dier à cette odeur, inopportune. La
galope approche.

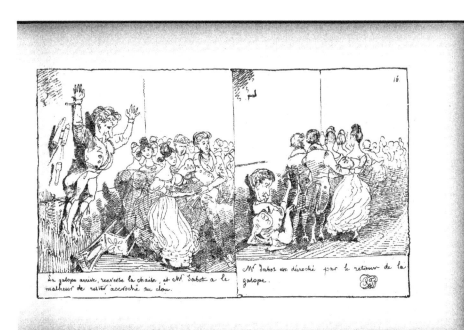

La galope arrive, renverse la chaise, et Mr Jabot a le malheur de rester accroché au clou.

Mr Jabot est déroché par le retour de la galope.

17.

À peine relevé Mr Jabot est cogné par la galope à son troisième tour

L'habit de Mr Jabot s'étant accroché à la galope, il est entraîné.

Le Jabot pressant la mesure, la galope accélère prodigieusement.

Mr. Jabot est lancé, par la galope, dans une partie d'échecs.

Mr. Jabot a une explication très-vive avec le joueur d'échecs. Il s'en suit qu'il lui offre satisfaction pour demain à neuf heures.

19

Après quoi Mr Jabot se remet en position.

Mr. Jabot croit devoir parier à une table d'écarté où joue le Baron de la Canardière

Au quatrième retour de la Galope, Mr Jabot croit devoir s'effacer, au grand détriment du Baron et de sa partie.

Explication excessivement vive avec le
Baron. Mr Jabot croit devoir lui
demander satisfaction pour demain
à 10 heures. **25**

Après quoi Mr Jabot se distingue dans un quadrille.

Malheureusement M.ʳ Jabot termine son dernier entrechat sur le pied droit de M.ᵉ Posomby, Sa danseuse, qui prend mal.

M.ʳ Posomby prend mal la chose, Il montre la porte à M.ʳ Jabot qui paroit devoir lui demander satisfaction pour demain à six heures.

. 22 .

Après quoi Mr Jabot se remet en position.

Mr Jabot a l'avantage de retrouver Milady. Il est prié par Milord, à une partie de chasse avec Mr Dubecage, pour après demain.

Inextricable Situation... Dirai-je je ne suis pas mort! — Mort? — Trois affaires d'honneur, Milady! — Que vous êtes donc imprudent! — Qu'est-ce que ma vie! — Mais c'est bien quelque chose — de la donnerais pour ce mot Milady!.....

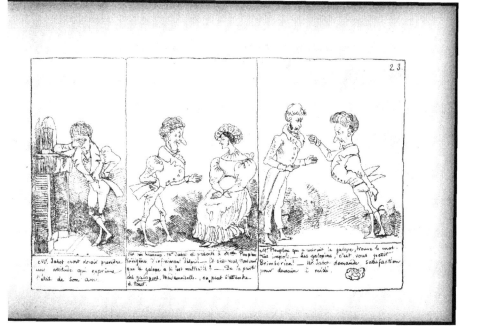

23

24

Mr. Jabot conduit Milady aux rafraîchissements.

Mr. Jabot fend la presse.

Mot charmant d'un Sens profond
— Ah quelle horreur que d'être
pressée de la Sorte! — Pour
le coup, Milady, je cesse d'être
partisan de la presse. Je ne
puis Jury.

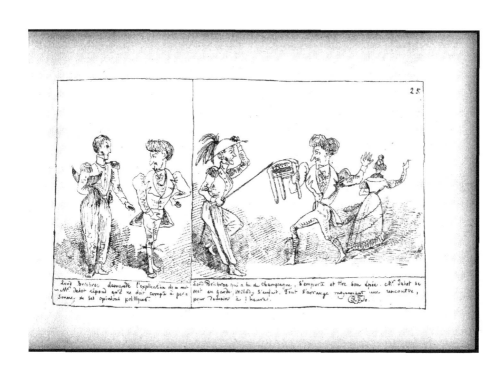

25.

Lord Bricbrac demande l'explication de ce mot
— Mr Jabot répond qu'il ne doit compte à personne de ses opinions politiques.

Lord Bricbrac qui a bu du champagne, s'emporte et tire son épée. Mr Jabot se met en garde, Milord s'enfuit. Tout s'arrange moyennant une rencontre, pour Demain à l'heure.
R.D.o.

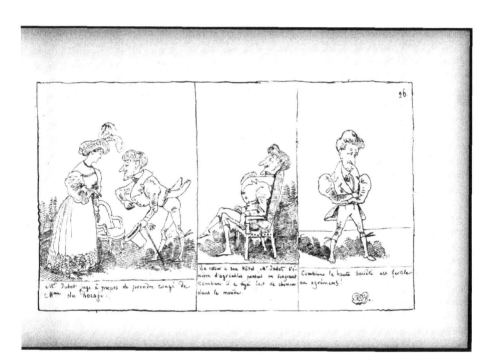

26.

Mr. Jabot juge à propos de prendre congé de Mme. du Bocage.

De retour à son Hôtel Mr. Jabot s'énivre d'agréables pensées en songeant combien il a déjà fait de chemin dans le monde.

Combien la haute société est fertile en agrémens!

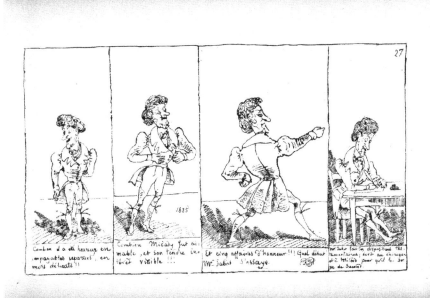

Combien il a été heureux en
comparables reparties, en
mots délicats !!!

Combien Micésy fut ai-
mable, et son tendre in-
térêt visible !!!

1835

Et cinq affaires d'honneur !!! Quel début
Mr Jabot s'essaye.

Mr Jabot tout en déposant bien
momentanées, écrit au chirurgien
et à Milord pour qu'il le soi-
gne de Second.

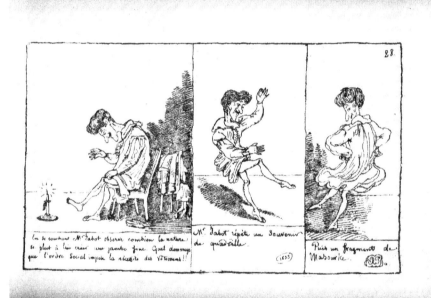

28.

En se coucchant Mr Jabot observe combien la nature se plait à lui créer une jambe fine. Quel dommage que l'ordre Social impose la nécessité des Vêtemens!!

Mr Jabot répète un Souvenir de quadrille.

(1855)

Puis un fragment de Mazourke.

Mr Jabot ayant entendu un petit
bruit, s'arrête tout court.

Le bruit partant de derrière
Mr Jabot se retourne subi-
tement et ne voit rien.

Mr Jabot va se coucher, très décidé à changer
totalement son régime dès le lendemain.

Mr Jabot ne peut dormir que d'un seil.

Mr Jabot rêve des airs de mazourka!

Mr Jabot rêve des choses énivrantes.

Mr Jabot rêve des hauts faits en présence d'une femme adorable.

M. Jabot change d'oeil vers deux heures, après minuit.

Cependant les Seconds de M. Jabot et de ses adversaires s'assemblent et les mênent. Un premier propose le pistolet. — Aussitôt un Second qui l'on charge les armes avec des boulettes de mie de pain, puisque l'honneur sera également satisfait. — Arrêté, comme juste et conforme à l'usage. — Un troisième, que l'on en prévienne les parties, afin de leur épargner une inquiétude inutile. — Adopté à l'unanimité.

M. Jabot devant tirer le dernier, essuie noblement le premier feu.

32.

Mr Jabot tire noblement en l'air, après quoi les témoins accourrent, déclarant que l'honneur est satisfait et qu'il ne reste plus qu'à déjeuner ensemble.

Mr Jabot s'anime au champagne; il est déclaré unanimement galant homme.

Mr Jabot ayant satisfait cinq fois à l'honneur, est ramené chez lui un peu replet.

Aussitôt Mr Jabot, songeant à sa partie de chasse, s'occupe d'acheter une petite meute.

Les chiens sont si gentils que Mr Jabot
les trouve presque trop familiers.

Aussi Mr Jabot rentré à l'Hôtel
attache-t-il ses chiens au pied
de son lit.

Mr Jabot s'empresse ensuite de porter
chez Mr du Bocage 15 cartes, la fa-
mille se composant de 15 personnes.

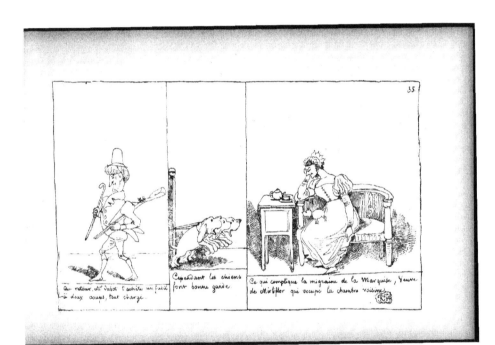

Au retour, Mr Jabot s'achète un fusil à deux coups, tout chargé.

Cependant les chiens font bonne garde.

Ce qui complique la migraine de la Marquise, Veuve de Mirbflor qui occupe la chambre voisine.

Mr Jabot après s'être acheté une giboción toute pleine, rentre chez lui où il s'occupe à dresser ses chiens en leur criant : Taÿaut ! Taÿaut ! et autres termes de chasse. Les chiens lui paraissant pleins d'ardeur.

Les chiens fatigués s'endorment. Mr Jabot va se coucher. Il remarque avec peine que sa tournure a un peu perdu.

Ce qui le rature, ce sont les jam-bes.

C'est aussi certain mocheyer dans les contours, certaine grâce dans les articulations. Cependant le feu prend à sa chemise.

Certaine chaleur !!... certaine flam-me amoureuse !... et Sympathique.

38.

Entendant parler de flamme amoureuse, la Marquise de Mirliflor juge qu'elle pourroit bien y être pour quelque chose.

Ayant senti de la chaleur au dos, M.e Sabot fait neuf fois le tour de sa chambre en criant je brûle! je brûle!!!

La Marquise ne doute plus qu'elle n'ait inspiré une passion d'une violence extraordinaire.

Holà !! Holà !! au feu !! au feu !!

La marquise qui entend : Hélas ! ô feu !! ô feu !! se confirme dans son idée.

Les chiens sentant une odeur de chair grillée se raniment.

Le chien de la Marquise cuits.

Le feu se communique au fusil qui part.

49.

Persuadée que c'est un Suicide en sa faveur la Marquise s'évanouit.

Son chien aussi.

Mr Jabot sauve ses jours en changeant de linge

Ce qui fait plaisir à Mr Jabot c'est que ses jambes n'ont pas souffert le moins du monde

41.

Cessant la fumée tirai des
yeux de Mr. Jabot s'abonban
sur Paimas.

Revenue à elle, la Marquise se hasarde
à jeter un coup d'oeil furtif. Elle voit Son amant
plein de vie et tout en Paimas! D'ancet Paul
mes!!?

Le chien de la Mar
quise se hasarde
à revenir à lui

Mr. Jabot s'étant Cuwé. Il y a de quoi périr! La
Marquise en est profondément touchée.
Le chien aussi.

42.

La Marquise extrèmement agitée parvient à dormir; fait lit de sa couleur et ne peut dormir que d'un œil.

Il vient une idée à Mr Jabot, c'est d'ouvrir toutes les portes et fenêtres pour laisser échapper la fumée.

Après quoi Mr Jabot va se coucher.

Cependant la fumée en pénétrant dans la chambre de la Marquise fait éternuer celle-ci. Les chiens qui font bonne garde s'élancent vers le bruit.

43

Les chiens, en s'élançant, entraînent le lit de Mr Jabot dans la chambre de la Marquise. Après quoi ils se couchent épuisés.

Et le chien de la Marquise aussi.

Vers minuit, la Marquise s'étant mise à ronfler, Mr Jabot croit que c'est lui qui a de l'asthme, et se lève pour aller boire.

Mr Jabot se croyant dans sa chambre, prend sur la table de nuit de la marquise la veilleuse qui s'est éteinte.

Mr. Jabot a mal au coeur

Le même une faiblesse. Ayant posé la main sur l'oreille du chien de la Marquise, il se félicite d'avoir retrouvé son amadou qu'il a laissé égarer la veille.

Se croyant toujours dans sa chambre, Mr. Jabot va prendre à la table de nuit de quoi avoir de la lumière. Il trouve un morceau de caramel et un flacon de pommade pour les livres.

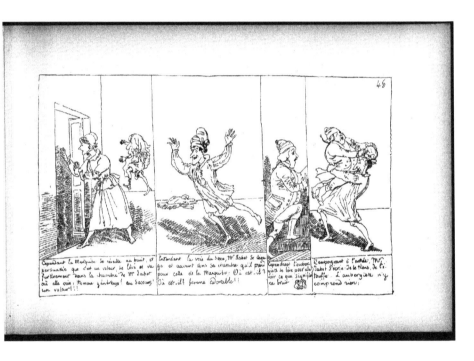

Cependant la Marquise se réveille au bruit, et persuadée que c'est un voleur, se lève et va furtivement dans la chambre de Mr. Jabot où elle crie: hommes généreux! au secours! un voleur!!!

Entendant la voix du sexe, Mr. Jabot se dégage et accourt dans sa chambre qu'il prend pour celle de la Marquise: Où est-il? Où est-il? femme adorable!!

Cependant l'aubergiste se lève pour aller voir ce que signifie ce bruit.

L'empoignant à l'entrée, Mr. Jabot s'écrie: je le tiens, je l'étouffe. L'aubergiste n'y comprend rien.

Mais la Marquise comprenant qu'on la sauve la vie, retombe à son lit profondément touchée

Cependant et chiens accourent et vient ramener le lit dans la chambre de la Marquise.

Mr Jabot saisi par une imagination galante croit devoir par le volant par la fenêtre qu'il croit être celle de la Marquise.

Heureusement qu'elle donne sur une galerie à autre côté va quérir le magistrat

48

Guidé par le bruit des chiens M. Jabot retourne à son lit, sauf d'une aventure aussi chevaleresque.

S'étant renfermé M. Jabot rêve qu'il sauve deux beautés mourantes des injustes persécutions d'un trop tenvariable oppresseur.

La Marquise s'étant levée de bon matin est profondément attendrie à la vue de son libérateur. Toutefois elle ferme la porte. Son chien aussi.

Le magistrat dresse procès verbal, et constate que le chien
a l'oreille déchirée, ce qui indique des tentatives du voleur
pour détruire ce gardien fidèle. 2° X... fu la veillende
pour éliminer ce témoin de ses méfaits, car l'obscurité
convient au crime. 3° Il a dispersé la robe afin de
donner le change. 4° Il a jeté l'aubergiste par
la fenêtre parce qu'il redoutait sa moralité.
Etc. Etc.

Profonde joie
de cet idiot en remontant
à son réveil le billet
ci-contre.

Noble Cavalier !

Vos maux d'hier m'ont touchée, j'ai eu
pitié de vos feux, la chaleur de votre flamme
a été jusqu'à moi, le brue de votre fusil
a levé mes scrupules, et je ne puis me
résoudre à vous laisser périr. Devinez le
reste qui me coûte trop à dire

La Marquise Caroline Thérèse
de la Frangipane,
Veuve de Mirliflor.

50.

Tendre Cavalière !

Puisque votre cœur est l'asyle de l'humanité
souffrante, je vous dirai que mon dos va
beaucoup mieux depuis que je sais que vous
l'arrosez de vos larmes ; que j'ai éteint
le feu en changeant de chemise ; que
j'ai été désolé d'apprendre que la flam
me vous ait incommodée ; qu'enfin
à l'heure qu'il est, loin de craindre
pour mes jours j'ai une santé de
fer, que je mets à votre disposition
pour vous servir.

Pour le reste, il me coûte trop
à deviner.

Alphonse du Dabot

La Marquise trouve le style
peu à peu un ombre ambigüe.

.... de la Franchipane
.... de Mirliflor !!
veux de !!!
Mr Dabot s'enflamme

Et si j'étais un jour
Mr le Marquis du Dabot,
de la Franchipane, de
Mirliflor !!!!!!!
Il se met à servir.

Noble Dame !

Vos beaux yeux m'ont incendié
la prunelle, et je brûle, pour
vous, d'une flamme inextingui-
ble. Je mets à vos jolis pieds
mon nom, ma fortune et
ma main, avec tous les
sentiments d'un homme
comme il faut et les avan-
tages d'un amant bien élevé
un oui ! ou je meurs consumé

Alphonse du Sabot.

La Marquise qui allant d'inviter reçut
cette seconde épître suppose que la première
était en langage allégorique.

La Marquise profondément touchée, a-
yant crié au éteinte de malheur
d'un saut Mr Sabot est à ses pieds.

52

Surprise de M. Jabot les trois chiens s'étant par sa faute mangeant son absence, le jour battu avec une telle voracité qu'il ne reste plus que les os, pour M. Jabot paisi: ce prétexte pour contremander sa nouvelle chasse. R.T.

M. Jabot part dès le p.r même pour s'aller marier en Beaujolais.
Fin.

Lightning Source UK Ltd.
Milton Keynes UK
UKHW022332060223
416579UK00001B/94